À LIRE AUX TOILETTES

LES BLAGUES CULTE

MARABOUT

Hachette Livre (Marabout), 2013

Aucune partie de ce livre ne peut être reproduite sous quelque forme que ce soit ou par quelque moyen électronique ou mécanique que ce soit, y compris des systèmes de stockage d'information ou de recherche documentaire, sans autorisation écrite de l'éditeur.

Une femme arrive dans la cuisine
et voit son mari avec une tapette à mouche.
Elle lui demande :
– Que fais-tu ?
– Je chasse les mouches !
– Et tu as réussi à en tuer ?
– Oui, j'ai déjà tué trois mâles et deux femelles.
Intriguée, elle lui demande :
– Comment peux-tu faire la différence
entre les mâles et les femelles ?
– Facile ! Trois étaient sur une cannette de bière
et deux sur le téléphone !

Un explorateur se promène
dans la jungle quand il tombe nez à nez
avec un lion. Apeuré, l'homme prie :
– Mon Dieu, faites que ce lion
ait une pensée chrétienne !
Le lion acquiesce et répond :
– Mon Dieu, bénissez ce repas !

Depuis ce matin, le commissariat
compte une nouvelle recrue.
En début d'après-midi, il appelle
son chef en panique :
– Chef ! Il y a eu un vol dans
un supermarché ! Le voleur a dérobé
cent cartouches de cigarettes
et deux cents laitues !
– Bon et vous avez des soupçons ?
– Oui ! On cherche un lapin qui tousse !

Un aveugle attend à un feu tricolore.
À côté de lui, se trouve son chien. Le feu passe au rouge,
le chien attend. Deux minutes plus tard, le feu passe au vert
et le chien ne bouge toujours pas.
Ainsi de suite pendant 10 minutes. D'un coup, le non-voyant
sort un biscuit de sa poche et le donne à son chien.
Étonné, un homme qui a assisté à la scène lui demande :
– Excusez-moi, Monsieur, pourquoi récompensez-vous votre chien ?
Le feu est passé plusieurs fois au vert et il ne vous a pas fait traverser.
Il a mal fait son boulot, il ne mérite pas de récompense !
– Je ne le récompense pas ! Je lui donne un biscuit pour savoir
où est sa tête et lui donner un grand coup de pied aux fesses !

Le Petit Chaperon rouge est en route pour rendre visite à sa grand-mère. D'un coup, elle aperçoit le grand méchant loup tapi derrière un buisson. Elle lui dit :
– Je t'ai vu, méchant loup ! Tu ne m'attraperas pas !
Le loup s'enfuit à toute vitesse.
Un peu plus loin sur son chemin, le Petit Chaperon rouge voit le loup caché derrière un arbre :
– Bouh ! Je t'ai vu ! Tu ne m'attraperas pas !
Le loup s'enfuit à nouveau.
Le Petit Chaperon rouge continue sa route.
Au bout d'une vingtaine de minutes, elle revoit le loup caché derrière un arbre.
– Hé ! Dégage le loup, je t'ai encore vu ! Tu ne me fais pas peur !
Le loup se met alors à hurler :
– Tu peux pas me laisser chier tranquille ?!

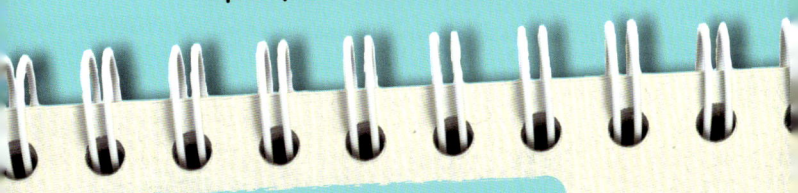

Un vieux lapin rencontre son amie la taupe. Curieux, il lui demande :
– Quel métier veux-tu faire quand tu seras grande, petite taupe ?
– Taupe-modèle !

En colère, un locataire appelle son propriétaire :
– C'est inadmissible, il y a des souris dans mon appartement !
– C'est impossible, nous avons fait l'état des lieux :
cet appartement est impeccable.
– Venez voir par vous-même, il y a des souris !
Le propriétaire se déplace. Pour prouver ses dires,
le locataire dépose un morceau de fromage par terre.
À ce moment-là, une souris traverse la pièce à toute allure.
– Je n'ai rien vu !
– Bon, je vais jeter le fromage entier, vous verrez !
Arrivent alors, une, deux, trois souris, un poisson rouge
et une quatrième souris.
– Alors, vous avez vu ?
– Oui, j'ai vu… J'ai également vu un poisson rouge.
Qu'est-ce que cela signifie ?
– Réglons d'abord le problème des souris
et ensuite nous parlerons de mon problème d'humidité.

Deux chiens se promènent.
Tout à coup, l'un d'eux s'exclame :
– Oh, t'as vu ? Un réverbère neuf !
Ça s'arrose, non ?

Un ver de terre sort de son trou et croise un autre ver.
Il engage la conversation :
– Beau temps, n'est-ce pas ?
Pas de réponse. Un peu surpris, il poursuit :
– J'espère que ça ne va pas se gâter ce week-end !
Toujours pas de réponse. Vexé, il insiste :
– Cela dit, on n'a pas trop eu à se plaindre cette année.
Pas de réponse. Le ver de terre se décide alors
à rentrer dans son trou. Énervé, il marmonne :
– Quel idiot ! J'ai encore parlé à ma queue !

Un motard roule à 130 km/h lorsqu'il voit
un oiseau qui lui fonce dessus. Il n'arrive pas
à freiner et le heurte. Pris de culpabilité,
il s'arrête, le ramasse et le ramène chez lui.
Il met l'oiseau dans une cage, lui donne
à manger et à boire puis il part travailler.
Quelques heures plus tard, l'oiseau se réveille,
ouvre un œil, puis un autre. Pris de panique,
il attrape les barreaux de la cage et s'écrie :
– Merde ! J'ai tué un motard !
Me voilà en taule !

Une maman moustique prévient ses petits :
– Surtout, ne vous approchez jamais des humains !
Sinon, ils essaieront de vous tuer !
– N'importe quoi ! Ils sont super sympas !
Hier, il y en a même un qui a passé la soirée
à m'applaudir !

Un singe entre dans un bar et demande au barman :
– Bonjour, est-ce que vous avez des bananes ?
– Non, nous n'avons pas de bananes.
– OK et est-ce que vous avez des bananes ?
– Non, je viens de vous dire qu'on ne vendait pas de bananes !
– Ah, OK ! Vous avez des bananes ?
– Non ! T'es bouché ou quoi ? Si tu me demandes encore
si j'ai des bananes, je te cloue la langue au comptoir !
– OK, OK... Vous avez des clous ?
– Non !
– Et vous avez des bananes ?

Un homme entre dans une banque et demande à la guichetière :
– Je voudrais ouvrir un putain de compte dans votre banque de merde !
– Je vous demande pardon ?
– Pourquoi ? T'es sourde ou idiote ? Je voudrais ouvrir un compte dans votre putain de banque de merde !
– Je ne vous permets pas de me parler comme ça, veuillez rester correct, Monsieur !
Le directeur arrive, bien décidé à mettre l'homme dehors :
– Monsieur, il y a un problème ?
– Je veux ouvrir un compte dans votre banque de merde parce que j'ai gagné 100 000 putain d'euros au Loto.
– Ah, j'avais mal compris !
Cette grosse conne vous embête, c'est ça ?

Pendant la leçon de mathématiques, la maîtresse demande à Toto :
– Tu es marchand et moi je suis ta cliente. Alors, j'achète un melon à 2 euros, une botte de radis à 3 euros et un kilo de pommes à 4 euros. Combien est-ce que je te dois ?
– Oh vous en faites pas, je fais crédit, vous me paierez plus tard !

Un jeune homme monte dans le train et s'installe dans un compartiment
face à un monsieur. Le jeune homme s'assoupit, se réveille
un peu en panique et demande :
– Est-ce que vous pourriez me donner l'heure, s'il vous plaît ?
L'homme le dévisage et ne répond pas. Quelques minutes plus tard, le jeune insiste :
– Excusez-moi de vous déranger. Pourriez-vous me dire quelle heure il est ?
L'homme ne semble toujours pas décidé à répondre.
Deux minutes avant d'arriver, le monsieur dit au jeune :
– Il est 18 heures !
Perplexe, l'autre lui répond :
– Ça n'a plus d'importance, on arrive ! Je ne comprends pas.
Pourquoi ne pas m'avoir donné l'heure quand je vous l'ai demandée ?
– Si je t'avais donné l'heure au début du voyage, on aurait fait connaissance,
on aurait sympathisé, je t'aurais proposé de venir prendre un café chez moi,
tu serais venu. Et comme ma fille est magnifique,
tu serais tombé amoureux d'elle et tu aurais voulu l'épouser.
Tu es bel homme, elle aurait pu dire oui. Et tu crois vraiment
que j'ai envie de marier ma fille à un homme qui n'a même pas les moyens
de s'acheter une montre ?

Un homme va prendre le café chez un copain.
Dans le salon, se trouve une magnifique commode.
Il lui demande :
– Quelle belle commode !
Elle est de quelle époque ?
– De l'époque où j'avais de l'argent !

Trois mères se vantent de la réussite de leurs fils.
La première dit :
– Mon fils est tellement riche qu'il pourrait acheter tout Paris !
La deuxième rétorque :
– Ben moi, mon fils est tellement riche
qu'il pourrait acheter tout Paris et tout New York !
La troisième dit calmement :
– Mais qui vous dit que mon fils a envie de vendre ?

Un vieil homme riche
demande conseil à son médecin :
– J'ai 65 ans, docteur et je suis amoureux
d'une magnifique jeune femme de 25 ans.
Pensez-vous que je devrais mentir sur mon âge
pour qu'elle veuille bien de moi ? Je pourrais lui
dire que j'ai seulement 50 ans... Qu'en pensez-vous ?
– Oh ! Vous devriez plutôt lui dire que vous avez
80 ans, vous auriez plus de chances, je pense.

Toutes les semaines depuis des années, un homme faisant la manche à la Défense reçoit un billet de 20 euros d'un généreux homme d'affaires. Jusqu'au jour où il ne lui a plus donné que 15 euros. Étonné, le mendiant se dit que c'est tout de même très généreux de sa part. Un an plus tard, l'homme ne lui donne plus que 10 euros. Face à l'air mécontent du mendiant, le passant lui dit :
– Je sais… Mais la vie est chère et maintenant j'ai deux enfants qui font des études supérieures !
– Ah et vous avez combien d'enfants ?
– Quatre.
– OK et est-ce qu'ils vont tous étudier à mes frais ?

Un homme s'installe dans un bar et boit verre sur verre. Il n'arrête pas de répéter :
– Avec ce que j'ai, je ne devrais pas boire autant…
Inquiet, le barman lui demande :
– Qu'est-ce que vous avez ?
– Seulement 2 euros !

Une vieille femme riche décide de renvoyer sa cuisinière qu'elle juge incompétente. La domestique rassemble donc ses affaires et quitte le manoir. En partant, elle s'arrête quelques instants sur le pas de la porte, regarde son ancienne patronne, sort un billet de 10 euros de sa poche et le lance au chien qui dort dans son panier.
À la fois énervée et intriguée, la baronne lui demande :
– Mais vous êtes complètement folle ! Pourquoi faites-vous cela !
– Je lui donne ce que je lui dois ! Ça fait des semaines qu'il nettoie les assiettes !

Un homme très classe avec un luxueux costume est assis au bar d'un hôtel haut de gamme.
Une superbe femme l'accoste et lui murmure :
– Pour 300 euros, je fais tout ce que tu veux, à condition que tu me le demandes en trois mots seulement...
L'homme réfléchit puis se décide à sortir une liasse de billets de sa poche. Il lui chuchote :
– Repeins ma maison !

Bientôt Noël, une mère se rend dans un magasin de jouets pour acheter une poupée Barbie à sa fille. Le rayon étant bien rempli, elle demande au vendeur de l'aider :
– Alors ! Il y a la Barbie princesse qui est à 20 euros. Nous avons également la Barbie vétérinaire, avec le cheval et le chien, qui est à 30 euros. La Barbie fashion victim, avec toute sa garde-robe, est à 50 euros. Et la Barbie divorcée est à 200 euros.
– Pourquoi la Barbie divorcée est-elle aussi chère !
– Parce qu'elle est vendue avec la voiture de Ken, la maison de Ken, le bateau de Ken…

Un homme a très mal aux dents.
Il se rend chez le dentiste qui lui dit
qu'il faut lui arracher une dent.
Fauché, le patient demande :
– Bon et combien ça va me coûter ?
– 100 euros.
– 100 euros ! Pour seulement
dix petites minutes de travail ?
– Oh mais je peux aller très,
très lentement si vous préférez.

Un homme se réveille après un long coma.
Sa femme est restée à son chevet jour et nuit.
Il lui fait signe de s'approcher et lui dit tout bas :
– Dans tous les mauvais moments que j'ai traversés,
tu as toujours été à mes côtés.
– Oui, mon chéri.
– Lorsque j'ai été licencié, tu étais là.
– Oui, mon amour.
– Lorsque mon entreprise a fait faillite, tu étais là.
– Oui, mon cœur.
– Lorsque nous avons perdu la maison, tu étais là.
– Oui, bien sûr.
– Et lorsque j'ai eu des problèmes de santé,
tu étais encore à mes côtés.
– Oui, toujours.
– Tu sais quoi ?
La femme est très émue par cette déclaration.
– Quoi donc, mon chéri ?
– Je crois que tu me portes la poisse…

Une femme a rendez-vous chez son avocat
pour demander le divorce.
– Maître, je voudrais divorcer.
Mon mari me traite comme un chien.
– Mon Dieu ! Est-ce qu'il vous bat ?
– Non, il veut que je sois fidèle !

Deux hommes parlent de leurs femmes qui vieillissent :
– Le pire, c'est qu'elles refusent d'admettre qu'elles vieillissent !
Elles ne veulent jamais se remettre en question.
– J'ai trouvé un truc pour prouver à ma femme
qu'elle est sur la pente descendante. Tu te places à 10 mètres
d'elle et tu lui poses une question. Si elle ne répond pas, tu avances
de 5 mètres. Puis 2 mètres. Puis à 1 mètre. Là, elle devra bien
admettre qu'elle est sourde comme un pot.
En rentrant chez lui, l'homme se place à dix mètres
de sa femme et lui demande :
– Chérie, qu'est-ce qu'on mange pour le dîner ?
Pas de réponse. Il avance de cinq mètres :
– Chérie, qu'est-ce qu'on mange pour le dîner ?
Pas de réponse. Il avance de deux mètres :
– Chérie, qu'est-ce qu'on mange pour le dîner ?
Pas de réponse. Inquiet, il s'approche alors à un mètre et hurle :
– Chérie, qu'est-ce qu'on mange pour le dîner ?
Agacée, sa femme se retourne :
– Pour la quatrième fois : de la soupe !

Un homme appelle le commissariat :
– Bonjour, je suis monsieur Dupont. Je vous ai appelé
hier pour vous signaler la disparition de ma femme.
Je vous rappelle pour vous dire
que vous pouvez cesser les recherches.
– Vous l'avez retrouvée ?
– Non, j'ai réfléchi.

En pleine promenade en mer, un couple fait naufrage.
Ils arrivent jusqu'à une île déserte sains et saufs.
Les jours passent. Les semaines passent. La femme est totalement désespérée. Ne quittant pas le ciel et la mer des yeux
à la recherche d'un avion ou d'un bateau, elle ne cesse
de poser la même question à son mari :
– Dis, tu as payé les impôts ?
Agacé par cette question totalement stérile,
il refuse de lui répondre. Au fil des semaines
et devant la ténacité de sa femme, il commence à s'inquiéter
pour sa santé mentale et finit par lui dire :
– Non, je n'ai pas payé les impôts ! J'ai complètement oublié !
Contente ?
La femme saute de joie :
– C'est sûr alors, on va nous retrouver !

Un petit garçon assiste pour la première fois
à un mariage. Après la cérémonie, il dit à son père :
– C'est incroyable, je ne pensais pas que c'était possible !
– Quoi donc ?
– Que la mariée change d'avis !
– Pourquoi tu dis ça ?
– Ben, elle est entrée au bras d'un vieux monsieur
et elle est ressortie au bras d'un jeune !

Au moment d'aller se coucher, un homme
va dans la salle de bains et trouve sa femme nue
en train de regarder sa poitrine dans le miroir.
– Qu'est-ce qu'il te prend de faire ça ?
– Je suis allée chez le médecin aujourd'hui,
et il m'a dit que j'avais les seins d'une jeune fille
de 20 ans. Je suis contente, c'est flatteur !
Son mari ricane et lui dit :
– Ah ouais ? Et qu'est-ce qu'il a dit
à propos de ton trou du cul ?
– Rien. On n'a pas parlé de toi.

Une femme se réveille toute guillerette.
Elle dit à son mari :
– Mon cœur, je viens de faire un rêve magnifique.
J'ai rêvé que tu m'offrais une bague en diamants
pour notre anniversaire de mariage.
Tu crois que ça signifie quoi ?
Le mari lui répond, le sourire aux lèvres :
– Ah, tu le sauras ce soir !
Le soir, le mari rentre du travail avec un cadeau.
Sa femme le déballe et découvre un livre…
L'Interprétation des rêves.

**Un homme rencontre un copain
qui va bientôt fêter ses 30 ans de mariage.
Il lui demande :
– Bientôt 30 ans de mariage !
Ce n'est pas rien ! Tu as prévu quoi
comme cadeau ?
– Je vais l'emmener sur une île déserte.
– C'est un super cadeau. Et tu lui offriras quoi
alors pour vos 40 ans de mariage ?
– J'irai la rechercher !**

Au bar, un groupe d'hommes se plaignent
de leurs femmes. Sauf un, qui leur dit :
– À la maison, c'est moi qui commande !
Hier, j'ai ordonné à ma femme
de me donner de l'eau chaude !
– Et elle s'est exécutée sans rien dire ?
– Oui, heureusement ! Je déteste faire
la vaisselle à l'eau froide !

Avant d'aller se coucher, une femme
se regarde, nue, dans le miroir.
Elle dit à son mari :
– Je me trouve moche, grosse et vieille...
J'aurais bien besoin que tu me fasses
un compliment...
Le mari lui répond :
– Tu as une bonne vue !

**Une femme regarde son mari bricoler.
Il veut planter un clou pour accrocher
un nouveau tableau.
Songeuse, elle lui dit :
– Ton marteau me fait penser
à la foudre...
Le bricoleur répond fièrement :
– Rapide, hein ?
– Non, il ne frappe jamais deux fois
au même endroit !**

Après un déjeuner avec leurs femmes,
deux hommes âgés font le tour du jardin en discutant :
– La semaine dernière, nous avons déjeuné
dans un restaurant très bien.
– Tu te souviens du nom ?
– Euh… Tu sais que j'ai la mémoire qui commence à flancher…
Aide-moi. Comment s'appelle l'animal qui a de grandes oreilles ?
– Un lapin ?
– Non, beaucoup plus gros, ça ressemble à un cheval.
– Un âne ?
– Oui, c'est ça !
Il se tourne en direction de la maison et crie :
– Anne ! Comment s'appelle le restaurant
où nous sommes allés la semaine dernière ?

Un pain au chocolat rencontre
un croissant. Il se met à rire et lui dit :
– T'as vu ta tronche ?!
T'as une tête en forme de lune !
Le croissant lui répond :
– Et toi, tu t'es regardé,
avec ta crotte collée aux fesses ?!

Dans un restaurant très chic,
un homme fait signe au jeune serveur :
– Garçon, je suis désolé mais je ne peux pas
manger cette soupe...
– Toutes mes excuses, Monsieur, je vais de suite
vous chercher un autre bol !
Il apporte un nouveau bol mais l'homme dit :
– Je suis désolé mais je ne peux toujours
pas manger cette soupe...
Inquiet, le serveur veut éviter à tout prix un scandale
et repart en vitesse en cuisine. Il ne comprend pas, personne
ne s'est jamais plaint de cette soupe. Il demande donc au chef
de refaire une soupe. Il retourne ensuite servir le client.
– Je ne peux toujours pas !
– Vous exagérez, Monsieur. J'ai moi-même goûté
cette soupe, elle est délicieuse !
– Mais, jeune homme, tout ce que je veux, c'est une cuillère !

**Deux araignées bavardent :
– Quel est ton dessert préféré ?
– La mouche au chocolat !**

Deux garçons célibataires regardent un match de foot, affalés sur le canapé. Pendant la mi-temps, une bière à la main, ils discutent cuisine :
– L'autre jour, j'ai acheté un livre de cuisine. Eh ben, j'ai jamais pu m'en servir !
– Ah bon ? Pourquoi ? Les plats étaient trop compliqués ?
– Non mais toutes les recettes commençaient par « Prenez un plat propre... » !

Un homme dit à un de ses copains très radin :
– J'ai un super truc pour manger au restaurant sans payer !
– Non ?! Génial ! Dis-moi !
– Je vais au restaurant assez tard, et je commande une entrée, un plat, du fromage, un dessert et puis je prends tout mon temps en buvant du café puis un digestif. Je fume lentement un dernier cigare et j'attends qu'il n'y ait plus personne. Quand tout le monde est parti, le dernier serveur vient me voir pour m'encaisser. À ce moment-là, je lui dis que j'ai déjà payé à un autre serveur et hop, le tour est joué !
Impatient, le radin lui demande :
– On y va demain ?
– Pas de problème !
Le lendemain, les deux compères vont au restaurant. Le plan se déroule comme prévu. Au moment de fermer, le dernier serveur leur demande s'il peut encaisser :
– On a déjà payé, jeune homme ! Votre collègue nous a encaissés tout à l'heure !
Le radin ajoute :
– D'ailleurs, on attend toujours notre monnaie !

Au cours de sa promenade, une dame s'arrête
au bord d'un étang et jette des bouts de pain rassis aux canards.
Un vieux grincheux arrive et lui demande :
– Qu'est-ce que vous donnez aux canards ?
– Du pain ! Il y a un problème ?
– C'est honteux de donner à manger aux animaux
alors qu'en Afrique, il y a des enfants qui meurent de faim
et qui rêveraient d'un bout de pain...
– Oui, je sais bien mais, veuillez m'excuser,
je n'arrive pas à lancer aussi loin.

Lors d'un vernissage, un peintre
expose ses œuvres. Un copain vient
le voir et lui demande :
– Alors, ça marche, les affaires ?
– Super ! Je vends mes tableaux
comme des petits pains !
– Ah bon ? Tu en as vendu beaucoup ?
– Non... Je veux dire au même prix
que des petits pains...

Un couple va au restaurant.
Le serveur, un jeune garçon, les installe à une table tout en se grattant les fesses. Le client, médecin, est intrigué. Quelques minutes plus tard, le garçon leur apporte la carte, attend quelques secondes qu'ils choisissent et prend la commande.
Pendant tout ce temps, il ne cesse de se gratter les fesses.
Le médecin lui demande :
– Vous n'auriez-vous pas des hémorroïdes ?
– Je ne sais pas, je vais aller demander au chef !

Un célèbre chanteur va au restaurant avec son agent.
À la fin du repas, avant de prendre son café, il s'excuse et va aux toilettes. Lorsqu'il est de retour, il a une grosse auréole sur son pantalon. Son agent se moque de lui :
– Ben alors, ça y est, tu deviens incontinent ?!
Énervé, le chanteur lui répond :
– Pff, non ! Mais à chaque fois que je vais pisser à l'urinoir, c'est toujours pareil, il y a systématiquement un type à côté qui me reconnaît, qui se tourne vers moi et qui me dit :
« Vous ne seriez pas Johnny par hasard ? »

Un type, las de ses déplacements professionnels, va dîner au restaurant.
Il demande à la serveuse :
– Mademoiselle, pourriez-vous me servir du poisson pas frais, avec des pâtes pas cuites, du pain rassis et du vin bas de gamme ? Et ce qui serait génial, ce serait de vous asseoir en face de moi et de faire la gueule.
– Je ne comprends pas, Monsieur... Pourquoi ?
– Comme ça, j'aurais l'impression de dîner à la maison...

Deux jeunes femmes partent en vacances dans le Sud. En arrivant, une des deux regarde les horaires du restaurant de l'hôtel dit :
– Le petit déjeuner est servi de 6 h à 11 h, le déjeuner de 11 h à 15 h et le dîner de 18 h à 22 h.
– Mince ! Comment on va faire ?
– Ben, pourquoi ?
– Ben, ça nous laisse pas beaucoup de temps pour aller à la plage !

Intrigué, Hugo demande à sa maman
qui est enceinte :
– Dis, Maman, pourquoi tu as un gros ventre ?
– C'est parce que Papa m'a donné un bébé.
Le petit trouve ça un peu bizarre.
Le soir, le père rentre du travail.
Hugo lui saute au cou et lui demande
confirmation à l'oreille :
– Est-ce que c'est vrai que tu as donné
un bébé à Maman ?
– Oui, mon chéri.
Choqué, le petit lui dit :
– Papa, je crois qu'elle l'a mangé…

À l'approche des fêtes de fin d'année,
un père questionne son fils
pour savoir quels cadeaux
lui feraient plaisir pour Noël :
– Dis-moi, poussin, est-ce que
tu as écrit ta lettre au Père Noël ?
– Oui, c'est fait !
– Tu lui as demandé quoi ?
– De passer plus souvent !

Un petit garçon et sa cousine dorment dans le même lit.
Le garçon lui dit :
– Hé, tu connais la différence entre les garçons
et les filles ?
– Non, je sais pas. Dis-moi !
– Je vais te montrer !
Le petit garçon soulève les couvertures.
Intriguée la petite fille lui dit :
– Je vois pas très bien...
Il descend un peu plus la couverture.
– Ben, c'est facile, les filles portent un pyjama rose
et les garçons un pyjama bleu !

Un père emmène pour la première fois
sa fille à l'opéra. Étonnée, elle lui demande :
– Papa, c'est qui le méchant monsieur
qui essaie de faire peur en faisant
de grands gestes ?
– Il ne veut pas faire peur :
c'est le chef d'orchestre !
– Ah bon ?! Et pourquoi la dame,
elle crie, alors ?

Un homme fait la queue à la caisse du supermarché quand une belle femme blonde lui fait signe de la main et lui sourit. Flatté, il lui demande :
– Excusez-moi, est-ce qu'on se connaît ?
Elle lui répond, en souriant :
– Peut-être que je me trompe mais je crois que vous êtes le père d'un de mes petits...
L'homme se souvient alors d'une infidélité quelques années plus tôt. Blême, il lui demande :
– Vous ne seriez pas la stripteaseuse super-cochonne qu'on avait engagée pour l'enterrement de vie de garçon de mon cousin et que je me suis tapée dans les toilettes de ce bar miteux ?
– Euh... Non, pas du tout...
Je suis la nouvelle institutrice de votre fils.

Lasse des bêtises de sa fille, une mère la menace :
– Écoute-moi bien ! Sache que si tu es sage, tu iras au paradis mais si tu n'es pas sage, tu iras tout droit en enfer !
– OK et qu'est-ce que je dois faire pour aller au cirque ?

Une petite fille est dans son jardin
en train de creuser un gros trou lorsque le voisin
l'aperçoit par-dessus la clôture :
– Qu'est-ce que tu fais ?
– Mon poisson est mort alors je l'enterre...
Intrigué par la taille du trou, le voisin lui demande :
– C'est un très gros trou pour un petit poisson, non ?
– C'est parce qu'il est à l'intérieur de ton crétin de chat !

Le petit Lucas écrit sa lettre au Père Noël :
– Cher Père Noël. Pour Noël, je voudrais
un vrai chien qui aboie, un vrai chat
qui miaule, un vrai lion qui rugit
et des parents en peluche s'il vous plaît.

**Un petit nuage suit sa mère
dans le ciel en se trémoussant :
– Cesse de t'agiter comme ça !
– Mais ce n'est pas de ma faute, maman.
J'ai envie de faire pluie-pluie !**

À l'heure du coucher, une maman surprend
sa fille en train de regarder par la fenêtre.
D'un coup, elle sursaute et sourit :
– Super, une étoile filante !
– Tu as fait un vœu ?
– Oui, j'aimerais plus que tout que Madrid
soit la capitale de l'Autriche...
– Drôle de vœu... Pourquoi ?
– Parce que c'est ce que j'ai écrit dans
mon devoir de géographie et que la maîtresse
rend les copies demain.

Lucas aime beaucoup sa grand-mère.
Il demande à son père :
– Quand je serai grand, je veux me marier avec Mamie. Elle est trop gentille !
– Ah non, ce n'est pas possible !
– Et pourquoi ça ?
– Parce que ta mamie, c'est ma maman. Tu ne peux pas te marier avec ma maman, voyons !
– Ah non ? Et pourquoi tu t'es marié avec la mienne alors ?

Une mère revient des courses et court dans la cuisine. Elle dit à sa fille :
– Le lait a débordé ! Je t'avais dit de surveiller ta montre !
– C'est ce que j'ai fait ! Et je peux te dire qu'il était très exactement 18 h 34 quand le lait a débordé.

Un homme est jugé pour avoir fait un chèque sans provision. Pour sa défense, il tient à dire :
– Avec ce chèque sans provision, je n'ai acheté que de l'apéritif sans alcool, un fromage sans matière grasse et du chocolat sans sucre !
– Je vois... Alors pour vous faire plaisir, ce sera un mois de prison sans sursis !

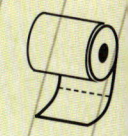

La clôture entre l'enfer et le paradis s'est cassée.
Saint Pierre va voir Satan et lui dit :
– C'est dans le contrat, nous devons payer chacun la moitié des frais engagés.
Satan ricane :
– Certainement pas ! Je ne paierai rien du tout !
Saint Pierre connaît ses droits et répond à Satan :
– Très bien, puisque c'est comme ça, je vais prendre un avocat.
Satan rit à gorge déployée :
– Tu oublies qu'ils sont tous chez moi !

Lors d'un divorce, un couple se dispute le partage des biens. Une fois la répartition faite, le juge poursuit :
– Maintenant, nous devons parler de la garde de votre enfant.
La femme prend de suite la parole :
– Monsieur le Juge, j'ai porté et mis au monde cet enfant, il est évident que j'en aurai la garde !
Le juge acquiesce et demande au mari :
– Qu'en pensez-vous ?
L'homme réfléchit quelques secondes et répond calmement :
– Monsieur le Juge, si je mets un euro dans un distributeur de boissons et qu'un soda en sort, à qui ce soda appartient-il ? À la machine ou bien à moi ?

Le patron d'une pizzeria est jugé pour fraude fiscale. Le juge lui demande :
– Pour quelle raison avez-vous déduit plusieurs allers-retours aux Seychelles de vos impôts ?
– Je livre à domicile, Monsieur le Juge !

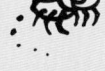

Un homme a été désigné comme membre du jury lors d'un procès.
Voulant à tout prix se désister, à peine le procès commencé,
il se lève et dit au juge :
– Monsieur le Juge, je ne peux pas être un membre de ce jury !
– Ah bon ! Et pourquoi ça ?
– Dès que j'ai vu la tête cet individu, sale et gras
avec sa tête de tueur, je me suis tout de suite dit qu'il était
coupable. Avec un tel a priori, je ne pourrai pas être impartial !
– Rasseyez-vous, Monsieur,
cet individu est l'avocat, pas l'accusé !

À la barre, un homme obèse explique au juge :
– Je voulais suivre un régime alors
je suis allé voir un nutritionniste.
À la première consultation, il m'a conseillé
de supprimer le fromage. À la deuxième,
il m'a conseillé de supprimer les sucreries et le
chocolat. À la troisième, les matières grasses.
À la quatrième, l'alcool.
– Et à la cinquième consultation ?
– À la cinquième, j'ai supprimé le médecin.

Le riche patron d'un groupe de presse
est convoqué par son avocat :
— J'ai deux nouvelles à vous annoncer :
une bonne et une mauvaise.
Je commence par laquelle ?
— Bon. Quelle est la bonne nouvelle ?
— Votre femme détient une photo
qui vaut à peu près 100 000 euros.
— Non ?! C'est génial ! Quelle est la mauvaise ?
— C'est une photo de vous avec votre secrétaire.

**Lors de son procès, le juge dit au prévenu :
— Vous êtes reconnu coupable de fraude fiscale
pour avoir déclaré vos animaux
de compagnie comme des personnes à charge
et vos vacances comme des déplacements
professionnels. Vous serez condamné
à une amende dont le montant sera fixé
dans les prochains jours.
Avez-vous des questions ?
— Oui, une : est-ce que je pourrai déduire
cette amende de mes impôts ?**

À la fin d'un procès en assises,
l'avocat de la défense entame sa dernière plaidoirie.
Il se lève et s'adresse directement au jury,
composé uniquement d'hommes :
– Messieurs les jurés. Avant toute chose,
je vous prie de bien regarder ma cliente.
Ils regardent donc tous l'accusée,
une femme d'une beauté à couper le souffle.
– C'est très simple : soit vous envoyez cette femme
derrière les barreaux pendant vingt ans, soit vous l'acquittez
et elle retourne chez elle.
Au 58, boulevard de la Liberté, 4e étage, porte de droite.
Attention à la marche, d'ailleurs !

Un homme qui a avoué avoir tué une dizaine
de personnes avec sa voiture est condamné
à mort. Une fois sur la chaise électrique,
bien que le courant soit allumé, rien ne se passe.
L'accusé se met à rigoler :
– Normal, je suis un mauvais conducteur !

Un homme qui veut demander
le divorce se rend chez un avocat :
– À combien s'élèvent
vos honoraires, Maître ?
– 500 euros pour trois questions.
– C'est très cher, vous ne trouvez
pas cela exagéré ?
– Peut-être.
Quelle est votre troisième question ?

Un type rejoint un de ses copains au bar :
– Je n'ai vraiment pas de chance…
J'ai été traîné en justice pour atteinte à la pudeur
après avoir couché avec une fille dans ma voiture.
J'ai été condamné à une amende de 100 euros.
– Ça va, ça aurait pu être pire !
– Ce n'est pas tout ! Quand le juge a vu la fille
en question, il a ajouté une amende de 200 euros
pour conduite en état d'ivresse.

Une femme est au lit avec son amant lorsque le téléphone sonne. Elle décroche et discute quelques minutes.
Elle raccroche et chuchote à son amant :
– C'était Henri. Il me disait de ne pas m'inquiéter et de ne pas l'attendre ce soir parce qu'il joue aux cartes avec toi !

Un gars pêche tranquillement dans la rivière
lorsqu'un vieux monsieur s'approche :
– Alors, on pêche ?
– Eh oui, ça me détend après une dure semaine de travail...
Le petit vieux sourit et poursuit son chemin.
Quelques minutes après, le même homme revient :
– Alors, on pêche ?
– Oui, oui, toujours !
Le petit vieux sourit et poursuit son chemin.
Une demi-heure après, il l'entend de nouveau :
– Alors, on pêche ?
Le pêcheur commence à s'agacer :
– C'est la troisième fois que vous me le demandez en une heure !
Oui, je pêche ! Maintenant, laissez-moi tranquille !
Énervé, il décide de rentrer chez lui. Il prend son vélo,
monte la longue côte qui le mène chez lui. Une fois en haut,
à bout de souffle, il regarde vers la rivière et voit le vieil homme
qui lui fait de grands signes :
– Mince, j'ai dû oublier un truc en bas !
Il prend son vélo et redescend jusqu'à la rivière.
Arrivé en bas, il s'approche du vieil homme et celui-ci lui dit :
– Alors, on fait du vélo ?

Un couple de randonneurs part camper
dans la campagne. En haut
d'une montagne, la femme dit à son mari :
– Chéri, ce paysage me laisse sans voix…
– Parfait, campons ici !

**Le jardinier d'un grand hôtel découvre un matin
que ses rosiers font plus de dix mètres de haut,
que ses tomates font plus dix centimètres
de diamètre, ses melons plus de dix kilos…
Il appelle le responsable de l'hôtel et lui dit :
– Écoutez monsieur, je veux bien que l'hôtel
héberge les cyclistes du Tour de France,
mais s'il vous plaît, dites-leur d'arrêter
de pisser dans le jardin !**

Deux hommes partent en camping. Ils installent leur tente dans une prairie et après plusieurs heures de discussion, ils se couchent. Au milieu de la nuit, un des deux réveille l'autre et lui dit :
– Regarde dans le ciel et dis-moi ce que tu vois.
– Je vois plein d'étoiles !
– Et qu'est-ce que ça signifie, selon toi ?
L'homme réfléchit quelques secondes et dit :
– D'un point de vue astronomique, cela veut dire qu'il y a des millions de galaxies et des milliards de planètes dans l'espace. D'un point de vue astrologique, cela signifie que Jupiter est en Capricorne. D'un point de vue métaphysique, je dirais que cela prouve que l'on est bien peu de chose…
Son copain le regarde avec beaucoup de perplexité.
– Ben quoi, j'ai dit une connerie ?
– T'es vraiment con, toi ! Ça veut surtout dire qu'on s'est fait voler notre tente !

Un jockey décède dans un grave accident de la route. Sa femme se rend à la morgue pour l'identifier. Plusieurs corps, recouverts d'un drap, sont disposés les uns à côté des autres. Le légiste soulève le premier drap, et la femme dit :
– Non, ce n'est pas lui !
Il soulève le second drap :
– Non, toujours pas lui !
Le médecin soulève le troisième :
– Non, ce n'est encore pas lui !
Enfin, il soulève le quatrième drap :
– Oui, c'est bien lui. Décidément, il n'aura jamais été dans les trois premiers !

Pour réaliser son rêve, un homme prend un an de congé sabbatique, fait ses bagages et part au Sahara. À peine arrivé, il trouve un marchand de chameau très sympathique qui lui explique :
– Tiens, prends celui-là. C'est très simple, pour avancer tu lui dis « OUF ! »
Si tu veux qu'il aille plus vite, tu lui dis « OUF ! OUF ! »
Et si tu veux aller encore plus vite, tu lui dis « OUF ! OUF ! OUF ! »
Pour s'arrêter, tu lui dis simplement « AMEN ! »
– OK, pas de problème !
Le mec part à la découverte du désert avec son chameau.
Tout content, il essaie toutes les vitesses du chameau.
Au bout d'une bonne heure, fatigué par le trajet en avion, il s'endort.
À son réveil, le chameau court toujours mais il aperçoit au loin un précipice vers lequel le chameau se dirige avec assurance.
Malheureusement, il a complètement oublié le mot magique pour arrêter le chameau. Il essaie tous les mots qui lui passent par la tête :
– Alléluia ! Non, c'est pas ça...
– Abracadabra ! Toujours pas...
– Je suis sûr que ça commence par un « a » !
– Ah oui, ça y est, c'est « AMEN ! »
Le chameau s'arrête juste au bord du précipice.
Soulagé, l'homme soupire :
– Ouf...

Après un match de football, un supporter crie aux joueurs de son équipe :
– Vous étiez nuls ! Même ma sœur aurait mieux joué que vous !
Le capitaine se met à rire :
– Ah, ta sœur ! On sait tous qu'elle fait le trottoir, tu ne devrais pas t'en vanter !
– Si ! Elle au moins, elle peut faire trois passes consécutives !

**Un touriste français visite Israël et veut traverser
le lac de Tibériade en bateau. Le guide lui dit :**
– C'est 100 euros la traversée !
Le touriste est indigné :
– Quoi ! 100 euros pour ça ?
C'est excessif, vous ne trouvez pas ?
– Oui Monsieur, mais c'est le lac
que Jésus a traversé à pied !
– Pff... Pas étonnant, avec des tarifs pareils !

Un type va en Afrique chasser le gorille avec un guide.
Le premier jour, le guide arrive avec un filet, un chien
et un fusil. Il lui explique :
– Aujourd'hui, on va essayer de capturer un singe.
Je t'explique comment on va s'y prendre. Tout, d'abord,
il faut qu'on repère un arbre où il y a un singe. Je grimpe
sur l'arbre, je le secoue, le singe tombe, et le chien, qui est
dressé, le mord aux couilles. La douleur paralyse le singe,
et tu n'as plus qu'à le capturer avec le filet.
– OK mais pourquoi on doit amener un fusil ?
– Ben, si c'est moi qui tombe, tu tues le chien...

Un type qui a une longue route de plusieurs heures à faire décide de se reposer à mi-chemin. Il s'arrête sur une petite route de campagne et s'endort. Il se trouve que ce chemin est le parcours préféré des joggers. Sur les coups de sept heures du matin, il est réveillé par un « Toc Toc » à la fenêtre de sa voiture.
Le voyageur, tiré de son sommeil, ouvre les yeux, baisse la vitre et demande :
– Ouais, qu'est-ce que vous voulez ?
– Est-ce que vous avez l'heure ?
Le voyageur jette un coup d'œil à sa montre :
– Il est 7 h 15.
Le jogger le remercie et repart. Le voyageur se rendort, mais pour peu de temps car d'autres coups sur sa vitre le tirent de son sommeil :
– Pardon, Monsieur, est-ce que vous auriez l'heure ?
– 7 h 30 !
Le deuxième jogger le remercie et s'en va. Voyant que d'autres joggers risquent par la suite de venir l'empêcher de dormir, le voyageur prend un crayon et écrit sur un papier : « Je ne sais pas quelle heure il est ! », qu'il colle bien en évidence sur sa vitre. Puis, il se rendort sereinement.
Un quart d'heure plus tard, on tape au carreau :
– Monsieur ? Il est 7 h 45 !

Dans une grande entreprise japonaise, un homme s'installe à son bureau. Il vient juste de rentrer d'un voyage à Paris.
Son collègue vient le voir et lui demande :
– Alors, Paris, comment c'était ?
– Je ne sais pas, j'ai pas encore fait développer mes photos !

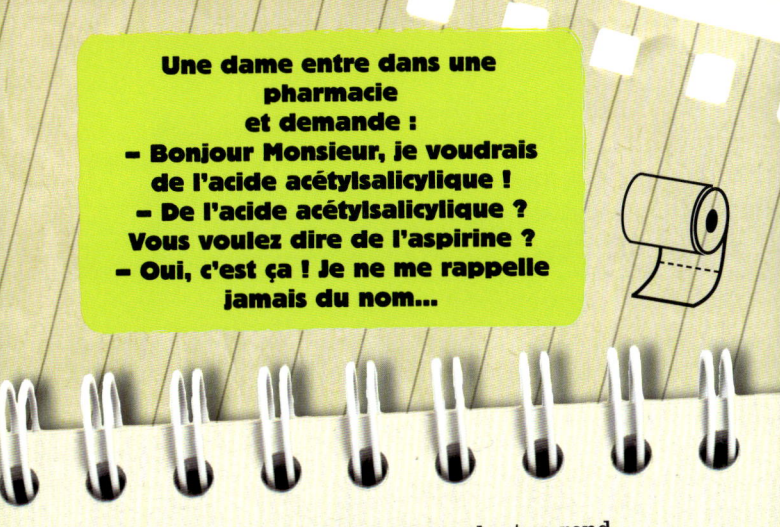

Une dame entre dans une pharmacie
et demande :
– Bonjour Monsieur, je voudrais de l'acide acétylsalicylique !
– De l'acide acétylsalicylique ? Vous voulez dire de l'aspirine ?
– Oui, c'est ça ! Je ne me rappelle jamais du nom...

Un vieux monsieur malentendant se rend chez le médecin avec sa femme pour un examen de routine.
Le médecin lui dit :
– Nous allons faire un bilan de santé, monsieur Coste.
Le vieux monsieur n'a rien entendu et fait répéter le médecin :
– Quoi ????
– On va vous faire un bilan ! Il me faudrait un prélèvement d'urine, un prélèvement d'excréments et un prélèvement de sperme.
– Quoi ???? Qu'est-ce que vous dites ????
Sa femme lui crie alors dans l'oreille :
– Le docteur veut ton slip, Maurice !

**Un milliardaire est hospitalisé.
Ses enfants se précipitent vers le médecin :
– Docteur, dites-nous franchement,
est-ce qu'il y a de l'espoir ?
– Non, désolé, c'est juste un gros rhume.**

Une dame d'environ 90 ans entre dans une pharmacie :
– Bonjour Monsieur, avez-vous de l'aspirine ?
Et des antidouleurs ? Des antirhumatismaux ?
Du gel pour les hémorroïdes ? Des antivomitifs ?
Des médicaments pour le foie ? Des somnifères ?
Des gélules pour la mémoire ? Des béquilles ?
Des couches pour personnes âgées ? Du Viagra ? Des…
– Bien sûr que nous avons tout ça mais cela fait beaucoup
de choses, Madame ! Quel est votre problème ?
– Je n'ai aucun problème mais je dois me marier à la fin
du mois et j'aimerais savoir si nous pouvons
déposer notre liste de mariage chez vous.

Une vieille dame obèse se rend
chez son médecin avec sa fille,
une magnifique jeune femme.
Elle lui dit :
– Docteur, la gorge est très irritée
et la température est montée à 39.
– Nous allons voir ça tout de suite.
Déshabillez-vous, Mademoiselle.
– Ah non, ce n'est pas ma fille qui est malade !
C'est moi.
– Oh, pardon ! Alors ouvrez juste
la bouche et faites : « Aaaaah ».

Une dame et ses trois enfants consultent
leur médecin. Celui-ci demande à la mère :
– Comment vont vos enfants ?
– Oh ! Mon premier a la grippe, mon second
a une angine et mon dernier a la diarrhée !
Qu'en pensez-vous ?
– Oh, moi, les charades…

Un jeune homme a rendez-vous chez le médecin.
Il patiente dans la salle d'attente lorsqu'il voit
une nonne complètement choquée sortir
de la salle de consultation. Le jeune homme
entre dans la salle et demande, intrigué, au médecin :
– La bonne sœur qui vient de sortir de votre cabinet
n'avait pas l'air bien du tout !
Le docteur lui répond :
– Je viens de lui annoncer qu'elle est enceinte.
– Non ! C'est vrai ?
– Bien sûr que non, ce n'est pas vrai
mais ça lui a guéri son hoquet !

Un homme hypocondriaque va chez son médecin.
Il lui demande :
– Docteur, j'aimerais vivre le plus longtemps possible.
Que dois-je faire ?
– C'est simple, plus d'alcool, plus de sexe,
des nuits de 12 heures et un régime végétarien.
– Et je vivrai plus longtemps ?
– Ça, je ne sais pas, mais le temps
vous semblera beaucoup plus long !

Un homme se rend en panique chez son médecin :
– Docteur, ça ne va pas du tout !
Lorsque j'appuie sur mon cœur, j'ai mal.
Quand je touche mon foie, j'ai très mal aussi.
Quand je touche mon ventre, pareil.
Sur toutes les parties de mon corps !
Je suis très inquiet...
Vous savez ce que ça peut être ?
– Oui, Monsieur, vous avez le doigt cassé !

Un homme demande à sa pharmacienne :
– Je voudrais une boîte de Viagra, s'il vous plaît.
– Est-ce que je peux voir
votre ordonnance, monsieur ?
– Je n'en ai pas... Mais j'ai apporté
une photo de ma femme !

Une jeune femme se rend chez son médecin.
Après l'avoir examinée, il lui annonce :
– Mademoiselle, je suis désolé, vous avez attrapé une MST : vous souffrez d'une blennorragie.
– Blennorragie ? Qu'est-ce que c'est que ça ?
– Eh bien, ça vient du grec...
– Le salaud ! J'aurais dû me méfier !

Dans un parc, un jeune homme aperçoit un vieux monsieur assis sur un banc, un casque sur les oreilles, qui se trémousse.
Il s'approche, lui tapote l'épaule et lui demande :
– Charleston ?
– Non, Parkinson !

Un homme rentre à la maison, l'air paniqué.
Sa femme lui demande :
– Qu'est-ce qu'il t'arrive ?
– Tu te souviens quand mon collègue Henri
a été muté à Vire ? Après ça, il a été viré !
– Et alors ?
– Après mon collègue Jean a été muté à Limoges ?
Après ça, il a été limogé !
– Et ?
– Aujourd'hui, j'ai appris
que j'allais être muté… à Castres !

Un homme cherche désespérément du travail dans la campagne canadienne. Il se présente au chef du personnel d'une entreprise de bûcherons :
– Vous avez l'air costaud, c'est bien, ça. Vous avez des références ?
– Oui ! J'ai travaillé au Sahara !
– Vous vous moquez de moi ? Il n'y a pas d'arbres au Sahara !
– Non, il n'y en a plus, nuance !

Un homme se rend au Pôle emploi
pour trouver un travail :
– Bonjour, Madame. Je m'appelle Jean-Luc Cochon,
je suis alcoolique, malvoyant, sans aucun diplôme,
j'ai de gros problèmes de dos et je n'ai pas le permis.
Je viens vous voir pour que vous m'aidiez
à trouver un travail.
– Oui bien sûr, Monsieur ! Je peux vous proposer
un poste de directeur. Est-ce que cela vous conviendrait ?
Vous gagnerez 50 000 euros annuels, vous aurez une
secrétaire et une quinzaine de semaines de congés par an.
De plus, vous aurez une Mercedes
comme voiture de fonction. Qu'en pensez-vous ?
– Vous vous foutez de ma gueule ?
– C'est vous qui avez commencé, Monsieur !

Un marchand d'art dit à un peintre :
– Je veux vous acheter cette toile !
– C'est une affaire ! J'ai passé dix ans
de ma vie sur cette œuvre !
– Dix ans ? Quel travail !
– Oui, deux jours pour la peindre
et le reste pour réussir à la vendre !

Un homme et une femme se rencontrent dans un bar. Ils discutent et décident d'aller à l'hôtel. Une fois arrivé, l'homme enlève sa chemise et se lave les mains. Ensuite, il enlève son pantalon et se lave les mains. La femme le regarde et dit :
– Toi, je parie que tu es dentiste !
Très étonné, il lui répond :
– Oui... Comment as-tu deviné ?
– Tu te laves systématiquement les mains !
Ils font l'amour. Tout en se rhabillant, la femme dit :
– Tu dois être un très bon dentiste !
Flatté, il lui répond :
– Bien sûr que je suis un bon dentiste, pourquoi tu me dis ça ?
– Parce que je n'ai rien senti du tout !

Deux chefs d'entreprise discutent :
– Comment fais-tu pour que tes employés arrivent toujours à l'heure au travail ?
– C'est très simple : j'ai une trentaine d'employés et seulement 20 places de parking !

Le PDG et propriétaire d'une grosse entreprise convoque tous ses salariés et dit à l'un d'eux :
– Cher Arthur, je tenais à vous féliciter pour le parcours remarquable que vous avez eu dans notre entreprise. Lorsque vous êtes entré il y a trois ans, vous n'étiez qu'un simple coursier. Très rapidement, vous êtes devenu responsable commercial puis chef de service. Enfin, l'année dernière vous avez été promu directeur de la communication du groupe. Je compte désormais prendre ma retraite et j'ai pensé à vous pour me remplacer. Qu'en dites-vous, jeune homme ?
– Merci, Papa !

Un homme s'énerve à la poste :
– Mademoiselle, je suis depuis une demi-heure devant votre guichet, c'est inadmissible !
– Et alors ? Moi, ça fait quinze ans que je suis derrière !

Un patron demande à son employé :
– C'est la quatrième fois que vous arrivez en retard cette semaine, que dois-je en déduire ?
– Que nous sommes jeudi !

On est jeudi et un employé réfléchit à la meilleure façon d'avoir un jour de congé à l'œil pour prolonger son week-end. Il décide de se faire passer pour fou : le chef sera obligé de le renvoyer chez lui.
Quand son patron arrive, il se suspend donc au plafond du bureau. Intrigué, le directeur lui demande ce qu'il fait au plafond.
– Je suis une ampoule !
Le chef est inquiet :
– Je crois que vous avez besoin de quelques jours de repos… Rentrez chez vous et revenez en forme lundi !
Satisfait, l'employé s'en va et la secrétaire le suit.
Le patron l'intercepte :
– Où allez-vous, Mademoiselle ?
– Je ne peux pas travailler dans le noir !

Composition et mise en pages : Les PAOistes
Édité par Hachette Livre (43, quai de Grenelle - 75905 Paris Cedex 15)
Imprimé en XXX par XXX pour le compte des éditions Marabout
Dépôt légal : avril 2013
ISBN : 978-2-501-08661-5
41.3085.2
Édition 01